LES MILITAIRES EN ACTION
ALPHABET

19675

A B C

Armée Bien Commandée

MILITAIRES
EN ACTION

── ◇ ──

ALPHABET

AVEC EXERCICES MÉTHODIQUES

SUR

LES PRINCIPALES DIFFICULTÉS DE LA LECTURE

PARIS
AMÉDÉE BÉDELET, LIBRAIRE
RUE PAVÉE-SAINT-ANDRÉ-DES-ARTS, 14

1862

PARIS. — IMP. SIMON RAÇON ET COMP., RUE D'ERFURTH, 1.

MAJUSCULES

A	B	C
D	E	F
G	H	I
J	K	L

M N O

P Q R

S T U

V X Y Z

MINUSCULES

a b c d e f
g h i j k l
m n o p q r
s t u v x y
z æ œ w

CARACTÈRES D'ÉCRITURE

MAJUSCULES

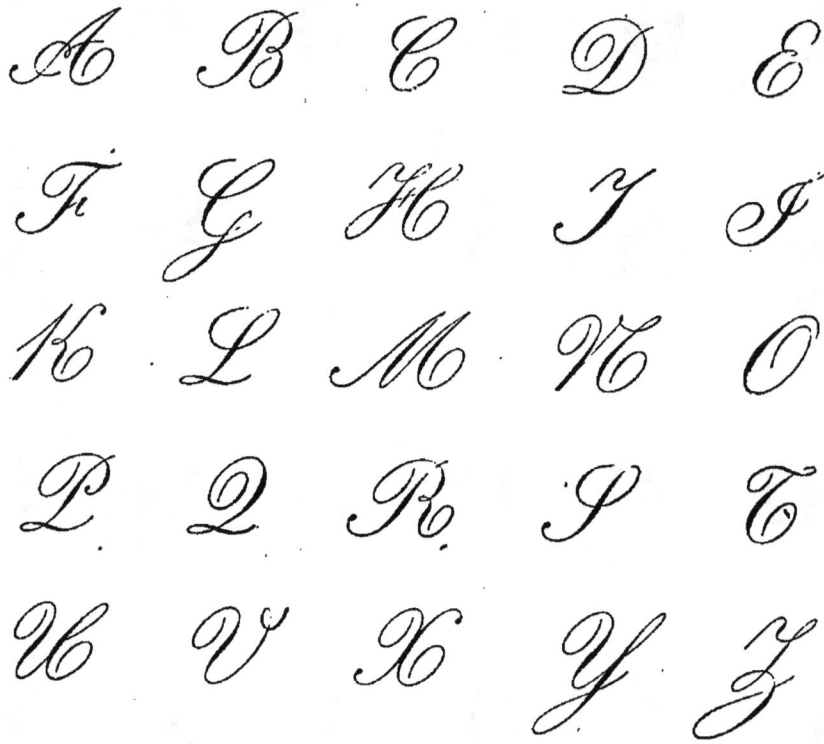

MINUSCULES

VOYELLES

a e i o u y

CONSONNES

b c d f g h j k l m
n p q r s t v x z

Trois manières de prononcer E.

e muet.   é fermé.   è ouvert.
Leçon, parole.   Bonté, Café.   Père, mère.

Accent.

Aigu.   Grave.   Circonflexe sur a e i o u
Été.   Prière.   Pâte, fête, gîte, trône, flûte.

PREMIER EXERCICE

ba	be	bi	bo	bu
ca	ce	ci	ço	çu
da	de	di	do	du
fa	fe	fi	fo	fu
ga	ge	gi	go	gu
ha	he	hi	ho	hu
ja	je	ji	jo	ju
la	le	li	lo	lu
ma	me	mi	mo	mu
na	ne	ni	no	nu
pa	pe	pi	po	pu
ra	re	ri	ro	ru
sa	se	si	so	su
ta	te	ti	to	tu
va	ve	vi	vo	vu
xa	xe	xi	xo	xu

DEUXIEME EXERCICE.

SYLLABES

A

Ab-ba, ac-ca, ad-da, af-fa, ag-ga, ah-ha, aj-ja, ak-ka, al-la, am-ma, an-na, ap-pa, aq, ar-ra, as-sa, at-ta, av-va, ax-xa, az-za.

Plusieurs syllabes forment un MOT.

Pa-pa. A-na-nas.

Plusieurs mots forment une PHRASE.

Pa-pa a-va-la l'a-na-nas d'A-nas-ta-se.

QUATRIÈME EXERCICE.

I

Ib-bi, ic-ci, id-di, if-fi, ig-gi, ih-hi, ij-ji, ik-ki, il-li, im-mi, in-ni, ip-pi, iq, ir-ri, is-si, it-ti, iv-vi, ix-xi, iz-zi.

Y a le son de I

Y a-t-il i-ci la y-o-le d'Hen-ri ?

Y a le son de deux I.

Le vo-y-a-geur a é-té ef-fra-y-é.

Sons identiques du son IN.

Im, ein, eim, ain, aim.

J'ai bien faim et je n'ai pas de pain ! — Viens, pe-tit : ce pa-nier est plein de mas-se-pains de Reims ; tu les ai-mes bien, hein ?

D E F

D'ÉMONSTRATION, ÉQUITATION, FATIGANTE

BIVAC. — Ces braves vont enfin se reposer, sécher leurs habits, faire cuire le souper, fourbir leurs armes, car demain il faudra marcher à l'ennemi.

CANTINIÈRE. — A votre santé, ma brave femme; sans vous, j'aurais passé l'arme à gauche à la dernière bataille.

DRAGON. — Il va être placé en vedette, dans un endroit désert, loin du camp. Ce n'est pas tout plaisir que d'être soldat.

CINQUIÈME EXERCICE.

O

Ob-bo, oc-co, od-do, of-fo, og-go, oh-ho, oj-jo, ok-ko, ol-lo, om-mo, on-no, op-po, oq, or-ro, os-so, ot-to, ov-vo, ox-xo, oz-zo,

Le jo-li jo-ko d'Oc-ta-ve est mort à No-vo-go-rod.

Sons identiques de O

Au, eau, eaux, os.

Paul, res-tez en re-pos; ne sau-tez pas; n'al-lez pas au bord de l'eau. Je vais là-haut fer-mer les ri-deaux du ber-ceau de vo-tre sœur Lau-re, elle dort.

G H I

GRENADIER DÉCORÉ, **H**ONORABLE **I**NSIGNE

EXERCICE. — La tête droite, le regard à vingt pas, les épaules effacées! Ces pauvres conscrits ont beaucoup à faire pour devenir de beaux militaires.

FORT. — Quand le clairon sonnera, il faudra monter sur ces murailles et courir, malgré les balles et les épées, pour planter là-haut le drapeau.

GENDARME. — Il y en a qui restent dans les villes et les villages pour chercher et prendre les voleurs. Il y a des gendarmes qui vont à la guerre.

SIXIÈME EXERCICE.

U

Ub-bu, uc-cu, ud-du, uf-fu, ug-gu, uh-hu, uj-ju, uk-ku, ul-lu, um-mu, un-nu, up-pu, uq, ur-ru, us-su, ut-tu, uv-vu, ux-xu, uz-zu.

Ur-su-le est u-ne pe-ti-te hur-lu-ber-lu.

SEPTIÈME EXERCICE.

VOYELLES DOUBLES OU DIPHTHONGUES

Ai, ia, au, an, ei, ie, eu, ieu, en, ien, ian, io, oi, ion, oin, ou, oui, ui, ium, un, uin.

Di-eu est bon : il a soin de pour-voir à tous nos be-soins ; viens, re-mer-ci-ons-le. — Oui et so-yons tou-jours ex-acts à le lou-er les jours où il l'a lui-mê-me com-man-dé.

J K L

JUGEMENT D'UN KABILE LARRON

HONNEUR à l'ordre public! Ce garde national est bien fier de ce qu'on le salue comme s'il était un officier *pour de vrai*.

INVALIDE. — Il y a à Paris un beau palais où demeurent les vieux soldats qui ont perdu des membres à la guerre.

JOUE (EN)... FEU! — Ce coup de fusil a tué un homme! Si les enfants pensaient à cela, ils n'aimeraient pas tant à jouer au soldat.

HUITIÈME EXERCICE.

CONSONNES DOUBLES

BL. BR. CL. CR. FR. GR. GL.
Blé, bras, clou, crin, frac, grain, gland,

PL. PR. ST. TR. VR.
Plat, prix, stuc, trou, vrai.

Le pau-vre Fran-cis a pleu-ré et cri-é en vo-yant ses fleurs flé-tries par la gros-se pluie; il en a plan-té d'au-tres à l'a-bri du grand pru-nier.

CH. GN. LL.
Chou, grognon, fille.

Le chat cher-che u-ne sou-ris, mais la gen-ti-ll-e bê-te a ga-gné son trou: el-le y est bien ca-chée. Mi-non foui-ll-e du bout de sa pat-te; ses yeux bri-ll-ent de fu-reur. N'ap-pro-che pas, Ca-mi-ll-e, il t'é-gra-ti-gne-rait.

M N O

Marin, Militaire, Naviguant sur l'Océan

KOLBACK. — Si cet espiègle pouvait porter plus commodément cette pesante coiffure, vous le verriez marcher en dandinant comme le fait le grand tambour-major.

LANCIER. — Si je suis militaire, je veux être lancier, c'est joli ; et je ferai toujours galopper mon cheval pour que la flamme de ma lance voltige au vent.

MARÉCHAL. — C'est le plus haut grade militaire. Il tient à la main le bâton de commandement, signe de son autorité.

NEUVIÈME EXERCICE.

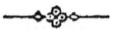

PH, son identique de **F**.

Phi-la-del-phe, em-mè-ne Fi-dè-le, et va au pha-re a-vec Eu-phé-mie. Vous y ver-rez un pho-que : c'est un a-ni-mal am-phi-bie.

TH, son identique de **T**.

Thé-o-phi-le, ter-mi-ne ton thè-me, en-sui-te nous pren-drons le thé.

DIXIÈME EXERCICE.

Ç prononcé comme **SS** avant **E, I.**

Cé-ci-le, fai-tes ce-ci ; c'est un e-xer-ci-ce u-ti-le et né-ces-sai-re. Et vous, Al-ci-de, ces-sez de vous ba-lan-cer et de fai-re des gri-ma-ces.

P Q R

PROJECTILES LANCÉS, **Q**UESTION GUERRIÈRE **R**AISONNÉE

NAPOLÉON. — Il arriva une fois que, la veille d'une bataille, le grand empereur vint se chauffer ainsi au feu de ses soldats et s'endormit au milieu d'eux.

ORDRE. — « Vous irez en faction là. — Oui, mon capitaine. — L'ennemi viendra. — Oui, mon capitaine. — Vous serez tué. — Oui, mon capitaine ! »

PORTE-DRAPEAU. — Le drapeau est ce que le régiment a de plus précieux ; il faut le porter haut et ferme pendant la bataille et ne pas le laisser prendre par l'ennemi.

ONZIÈME EXERCICE.

C prononcé SS avant **A, O, U,** par l'addition d'une cédille.

Ça, ço, çu, çai, çon.

Ce pe-tit gar-çon tou-chait sans ces-se mon poin-çon : je m'en a-per-çus et je le for-çai de le lais-ser ; mais il le re-prit e se per-ça la main.

C est dur dévant A, O, U.

La cui-si-niè-re fe-ra cui-re du ca-ca-o pour Co-ra-lie, et du cho-co-lat pour Con-stan-ce.

Sons identiques de C dur.

Pé-ki di-sait qu'-un coq é-tait dans le kios-que ; j'ai cru en-ten-dre : u-ne co-quet-te est dans le kios-que ; ce-la a fait un qui-pro-quo.

S T U

Sapeurs a la Tranchée, Un obus meurtrier

QUI VIVE! — Ce sont de bons bourgeois. En temps de guerre, il faut répondre le mot d'ordre, sinon, la sentinelle met en joue et fait feu.

RETRAITE. — A ce signal, les soldats doivent rentrer aux casernes; au son du tambour, le régiment marche comme un seul homme; une, deux!

SAPEUR. — Quand le régiment doit traverser une forêt, les sapeurs abattent les branches et les buissons; ils préparent les baraques du bivac, creusent les fossés, etc.

DOUZIÈME EXERCICE.

G est dur devant A, O, U.

J'ai ga-gné à la lo-te-rie u-ne gar-ni-tu-re de gui-pu-re, un go-be-let d'ar-gent guil-lo-ché et u-ne guir-lan-de de mu-guet.

G son identique de J par l'addition d'un E devant A, O, U.

Gea, geo, geu.

J'ai fait u-ne ga-geu-re : si Geof-froy perd, il me don-ne-ra ses jo-lis pi-geons rou-geâ-tres ; s'il ga-gne, il au-ra mon geai a-vec la ca-ge et la man-ge-oi-re de cris-tal.

T prononcé SS entre deux voyelles.

L'en-fant sa-ge, qui a a-va-lé sa po-t-ion, au-ra ré-cré-a-t-ion ; le pa-res-seux re-ce-vra u-ne pu-ni-t-ion et n'au-ra pas de prix à la dis-tri-bu-t-ion.

V X Y Z

Vivandière a son eXemple, chacun Y prodigue son Zèle.

TAMBOUR-MAJOR. — Voilà le chef d'orchestre des tambours. Le mouvement de sa canne indique la mesure; s'il fait le moulinet, on bat un roulement.

UNIFORMES. — Voilà le dolman du hussard, la tunique du grenadier, la casaque du zouave, choisissez : moi, j'aimerais mieux l'habit brodé de général.

VEDETTE. — Ce soldat est un cuirassier ; quand cette grosse cavalerie fait une charge au galop, l'ennemi le plus brave ne peut résister.

CHIFFRES

Arabes.		Romains.
1	Un	I
2	Deux	II
3	Trois	III
4	Quatre	IV
5	Cinq	V
6	Six	VI
7	Sept	VII
8	Huit	VIII
9	Neuf	IX
10	Dix	X
11	Onze	XI
12	Douze	XII
13	Treize	XIII
14	Quatorze	XIV
15	Quinze	XV
16	Seize	XVI
17	Dix-sept	XVII
18	Dix-huit	XVIII
19	Dix-neuf	XIX
20	Vingt	XX

XERXÈS. — Quand vous serez grands, vous verrez comme ce gaillard-là faisait peur à la mer et menaçait les montagnes!

YATAGAN. — Les Français qui se sont battus, en Algérie, contre les Bédouins et les Kabiles, connaissent bien cette espèce de sabre.

ZOUAVE. — Lestes comme des chats sauvages, toujours en belle humeur, les zouaves jouaient la comédie au camp et ils grimpaient les premiers au sommet de la tour Malakoff.

DIVISION DE L'ANNÉE

L'Année se divise en quatre Saisons :

LE PRINTEMPS. — L'ÉTÉ. — L'AUTOMNE. — L'IHVER.

Et en douze mois :

Janvier. — Février. — Mars. — Avril.
Mai. — Juin. — Juillet.
Août. — Septembre. — Octobre. — Novembre.
Décembre.

Un mois se divise en quatre semaines et quelques jours, et chaque semaine se compose de sept jours, savoir :

Lundi. — Mardi. — Mercredi. — Jeudi.
Vendredi. — Samedi. — Dimanche.

Les petites filles, les petits garçons, tous les enfants studieux et sages, peuvent choisir à leur gré : étude ou récréation, contes ou historiettes, science ou frivolité, la **Bibliothèque du premier Age** est nombreuse et variée.

Livres mignons, livres joujoux, beaux alphabets dans lesquels on apprend à lire sans y penser, tant on y voit de brillants militaires, de jolis bouquets, de beaux oiseaux et des animaux de toutes sortes.

Douze volumes in-16.

LES PREMIÈRES LEÇONS,

ALPHABET DES PETITS ENFANTS SAGES.

Un peu de tout avec lequel on apprend beaucoup. Lecture et calcul, travail et plaisir, morale et prière.

LE PETIT BAZAR EN IMAGES,

Alphabet grave et gai, exercices de lectures gradués, suivis des premières prières, instructions religieuses, petites histoires et belles images.

LES TRIBULATIONS DE LA MÈRE GOODY,

Ouvrage moral, en ce qu'il démontre quels embarras nous suscitent les richesses et l'ambition, même, hélas! quand cette ambition n'a d'autre but que la possession d'un petit cochon de lait.

MÉMORABLES FREDAINES D'UN SINGE,

Récit des fantaisies perverses d'un individu de la gent quadrumane, si experte en malice.

LES AVENTURES DE DAME TROTTE,

De son chien et de mademoiselle Minette, chatte très-sociable, très-spirituelle et parfaite ménagère.

CHOIX DE FABLES DE LA FONTAINE.

Bonnes à apprendre, à réciter et à regarder, tant sont jolies toutes les bêtes causeuses dessinées à l'imitation de l'inimitable Grandville.

LE JARDIN DES PLANTES.

Petit livre précieux et utile en toute occasion, savoir : lorsqu'il fait beau, comme guide des jeunes promeneurs dans ce beau jardin ; et lorsqu'il pleut, comme étude au coin du feu, avec les portraits fidèles de la girafe, de Martin l'ours, de l'éléphant.

LES ANIMAUX INDUSTRIEUX.

Suite au susdit cours d'histoire naturelle, en ce qu'il démontre par des anecdotes fort curieuses l'instinct, la sagacité des susdits animaux, tant féroces que domestiques, bipèdes que quadrupèdes, etc.

CHOIX DE FABLES DE FLORIAN,

Où la morale fait comprendre et apprendre, sans trop attendre, ce qu'il faut entendre pour prétendre à devenir raisonnable.

LES CONTES DES FÉES DE CHARLES PERRAULT,

Où resplendissent, en de belles gravures coloriées, les robes couleur du soleil, les aigrettes et les panaches des princes et princesses, tant enfin il y a de belles images, que l'on ne saurait décider s'il est plus charmant de lire ou de regarder,

PETITE HISTOIRE SAINTE,

Touchantes histoires d'enfants aimables, obéissants, pieux : Isaac, Joseph, Samuel, Tobie, chéris de Dieu, modèles des hommes.

Et tous ces livres sont bons à lire et beaux à voir : tous sont satinés, glacés, dorés, argentés, peints, azurés, bigarrés, chamarrés.

Magnifiques!... et pas chers!

Figures en noir, cartonnage riche. . . . . 1 fr. 10 c.
— coloriées, cartonnage chromo. . . 1 60

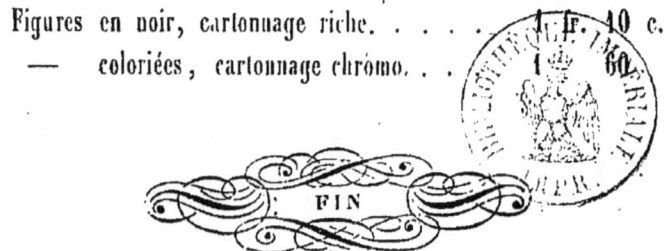

FIN

www.ingramcontent.com/pod-product-compliance
Lightning Source LLC
LaVergne TN
LVHW021706080426
835510LV00011B/1615